T 50
Ic 19

QUESTION
DES
QUARANTAINES.

PROJET D'UNE ORDONNANCE

sur le Régime et sur l'Administration sanitaire en France,

Par le Docteur AUBERT-ROCHE,

ex-Médecin en chef au service d'Égypte,
Membre de la Société orientale et de la Société de Médecine de Paris.

PARIS.
IMPRIMERIE ET FONDERIE DE RIGNOUX,
rue Monsieur-le-Prince, 29 *bis*.

1845

QUESTION
DES
QUARANTAINES.

Que mettrez-vous à la place? — telle est la première question que l'on adresse à tout homme qui propose une réforme quelconque, et c'est pour répondre à cette question que je publie l'Ordonnance sanitaire qui va suivre.

Ce projet, auquel j'ai longtemps réfléchi, m'a semblé la seule voie possible pour sortir des embarras suscités par les administrations et les intendances sanitaires; c'est, je crois, le seul moyen de mettre d'accord les contagionnistes et les non-contagionnistes.

Le problème à résoudre était celui-ci : Rédiger une ordonnance sanitaire qui ne nuise en rien aux intérêts politiques et commerciaux de la France, qui les favorise même, sans compromettre la santé publique et en admettant la contagion de la peste.

Ce problème, je pense l'avoir résolu, et si j'y suis parvenu, si, après cette publication, quelques individus viennent encore parader avec la peste, exciter la terreur, on pourra leur dire : Vous êtes, ou des ignorants, ou des gens de mauvaise foi, ou les défenseurs d'intérêts particuliers.

M. Achille Fould, député, qui s'est occupé sérieusement de la question des quarantaines, qui, dans la dernière séance de la Chambre, a signalé hautement à la tribune les dommages que les lois sanitaires causaient aux intérêts français en Orient, a bien voulu examiner et étudier mon projet de réforme, me faire part de ses réflexions, il s'est même chargé de le présenter à M. le ministre du commerce, qui pense que ce travail *mérite une sérieuse attention.*

Puissent les bonnes intentions de M. le ministre ne pas être entravées par les menées et le mauvais vouloir des intendances et des administrations sanitaires!

I. — EXPOSÉ DES BASES D'UNE ORDONNANCE SUR LE RÉGIME ET SUR L'ADMINISTRATION SANITAIRE EN FRANCE.

La peste est-elle contagieuse ou non contagieuse? La peste étant contagieuse, comment se communique-t-elle? Quelle est la période d'incubation de cette maladie? Telles sont les questions qui rentrent dans le domaine de la science. S'il était possible d'arriver à une solution incontestable, il deviendrait facile d'asseoir les bases d'une ordonnance réglant et protégeant la santé publique; mais il n'en est pas ainsi : quelques efforts que fasse la science, elle ne peut arriver aujourd'hui qu'à une solution approximative toujours contestable. Or, une ordonnance sanitaire ne doit pas avoir une base vacillante.

Si la peste n'était pas contagieuse, la question des quarantaines serait résolue en quelques mots; mais si la peste est contagieuse, si la période d'incubation de la maladie est *scientifiquement* plus longue qu'on ne le pense, si le mode de propagation de la peste est tout autre que ce qui a été admis jusqu'aujourd'hui dans les lazarets, la question devient insoluble, faute de preuves mathématiques.

Ce qu'il y a de certain, dans l'état actuel de la science, c'est que l'on ne peut prouver ni la contagion, ni la non-contagion, ni la période d'incubation, ni le mode de propagation de la peste. Ce qui se fait dans les lazarets au point de vue de la contagion ne peut se justifier scientifiquement. Il est facile de démontrer que les mesures sanitaires, prises contre la contagion telle qu'on l'a admise jusqu'aujourd'hui, sont inutiles et ne peuvent rien contre la propagation de la maladie. Ces mesures ne prouvent qu'une chose, c'est que le mode de propagation de la peste est tout autre.

En présence de cette incertitude, quelle doit donc être la base rationnelle d'une ordonnance sur le régime sanitaire ? *Les faits* et *l'expérience*.

Des enquêtes faites par ordre du ministre de l'intérieur en 1834, et du ministre du commerce en 1839, tendent à reconnaître la manière dont la peste se comporte à bord des navires marchands; comment cette maladie peut être importée; quel rôle les navires et les marchandises jouent dans l'importation.

Ces enquêtes constatent :

Que la peste éclate presque toujours pendant la traversée;

Qu'il n'y a pas de preuves positives que des marchandises aient communiqué la peste dans les lazarets.

Un examen attentif des documents recueillis a démontré que ces deux propositions embrassaient tout le bassin de la Méditerranée, sans en excepter les pays orientaux; que, par conséquent, il fallait faire une séparation entre eux et le littoral de l'Italie, de la France, de l'Espagne et de l'Angleterre.

La vérification des faits contenus dans ces différentes enquêtes et de nouvelles recherches ont permis de constater que, dans les lazarets des pays d'Europe ci-dessus,

1° La peste a toujours éclaté pendant la traversée, quand elle a dû se manifester;

2° Que les marchandises n'ont jamais communiqué la peste dans les lazarets.

Ainsi, tout bâtiment arrivé sain est resté sain.

Cet examen amena deux autres conclusions très-importantes :

3° Que les foyers de peste existent toujours à bord;

4° Que la période de manifestation de la maladie à bord n'a jamais passé huit jours, à dater du départ.

L'Académie de médecine, à laquelle ces conclusions ont été soumises, les a examinées et a déclaré, dans son rapport en date du 14 novembre 1843, renvoyé à M. le ministre du commerce, que, si les faits avancés étaient vrais, elle approuvait les conclusions qui en découlaient ; mais que, n'ayant pas de moyens de vérification, elle renvoyait les pièces au ministre du commerce pour les vérifier (1).

Nos différents agents dans les ports d'Orient et d'Italie ont été chargés de cet examen; leurs réponses viennent à l'appui des quatre conclusions.

L'Angleterre elle-même a fait, en 1844, dans ses lazarets une enquête qui arrive au même résultat.

La *Société orientale* s'est adressée à ses nombreux correspondants pour la vérification des faits sur lesquels reposaient les quatre conclusions. Leurs réponses en attestèrent la vérité.

En 1845, par l'entremise du ministère des affaires étrangères, il a été demandé aux intendances sanitaires des ports à lazaret si les conclusions avancées étaient vraies : les réponses ont été favorables

Ces quatre conclusions, résultat de faits et d'une expérience qui date de 1717, doivent donc servir de base à une ordonnance sanitaire rationnelle ; elles ne préjugent en rien les questions de contagion, de non-contagion et de période d'incubation. Il découle de ces conclusions des mesures sanitaires applicables aux provenances des pays où règne la peste, qui ne gêneront en rien nos relations avec l'Orient, et qui empêcheront l'introduction de cette maladie en France, fût-elle contagieuse.

Le fait et l'expérience, venant à l'appui d'une ordonnance et d'une organisation sanitaire, lui donnent un cachet de garantie tout autre que les idées chimériques qui font la base de notre système sanitaire actuel.

Nous croyons donc qu'il faut :

1° Conserver les trois patentes *brute*, *suspecte* et *nette*; la loi du 3 mars 1822 l'exige ;

2° Prendre pour point de départ de l'application des patentes le temps d'épidémie, le seul moment fixe qui puisse toujours être constaté : l'expérience prouve que, hors le temps d'épidémie, lors même que l'on a reconnu quelques cas isolés de peste, jamais cette maladie ne s'est déclarée à bord des bâtiments pendant la route, et n'a été apportée dans les lazarets d'Europe;

3° Compter la quarantaine à dater du départ, d'après les conclusions 1 et 4 ; fixer le nombre des jours d'après la patente et l'état du bâtiment, car l'hygiène doit être prise en grande considération ;

4° Ne pas débarquer les marchandises au lazaret, puisqu'il est reconnu que les foyers de peste existent à bord ; or, un débarquement pourrait déranger le foyer. Les marchandises restant à bord du navire sont le meilleur moyen de s'assurer si la peste existe. La 2º conclusion prouve que les marchandises débarquées ne sont pas dangereuses;

5° Ne pas oublier que le bâtiment forme le foyer de peste; que, dans le-

---

(1) Mémoire in-8º; chez Just Rouvier, libraire, rue de l'École-de-Médecine, 8.

cas de malades et de morts suspects, on doit prendre, au point de vue de la contagion, les mesures les plus rigoureuses.

Au reste, nous ferons remarquer que ces cas sont exceptionnels, et qu'il ne s'en est présenté que 47 à Marseille depuis 1717.

Quant à l'organisation sanitaire, c'est-à-dire à l'administration, elle doit être centralisée, avoir une action prompte, efficace ; elle ne doit pas être livrée aux préjugés, aux intérêts et aux terreurs locales. Cette action, éparpillée et remise aux mains de corps qui se nomment *intendances* ou *commissions sanitaires*, est mesquine, tracassière, ignorante et dangereuse, si véritablement la peste est contagieuse.

Il faut donc concentrer ce pouvoir. Nous proposons :

1° La création d'un conseil sanitaire, résidant à Paris, transmettant sur tout le littoral les ordres du ministre, et faisant exécuter par des agents la loi, les ordonnances et les règlements sanitaires. Dans ce conseil devront se trouver des médecins capables et instruits.

2° La création d'agents, tous médecins, placés dans des circonscriptions, surveillés par un directeur, tous subordonnés au conseil sanitaire, l'informant de ce qui se passe et agissant d'après des ordres.

Avec une telle organisation, les intendances et les commissions sanitaires deviennent inutiles ; cependant nous pensons que l'on peut les conserver par condescendance. Du reste, elles n'auront plus qu'une action passive, celle de surveiller, dans le seul intérêt de leur localité, sans s'immiscer en rien au service, l'exécution des ordonnances et règlements sanitaires. Elles seront consultées dans les cas graves. Un de leurs délégués pourra suppléer un agent sanitaire lorsque le service forcera celui-ci à s'absenter. Elles seront donc remises à la place qu'elles doivent occuper ; leur rôle étant de protéger la santé publique de leur localité, elles n'ont pas et ne peuvent avoir le droit de régir la santé publique de la France.

L'autorité sanitaire se résumera donc :

1° Dans un conseil qui régit et commande, par ordre du ministre ;

2° Dans des agents qui exécutent les ordres, les ordonnances et les règlements protégeant la santé générale ;

3° Dans des corps veillant à la santé de leur localité.

La garantie pour la France est donc entière ; cependant elle serait incomplète, comme aujourd'hui, s'il n'existait pas dans le Levant des agents spéciaux chargés de recueillir et de donner tous les renseignements sur l'état sanitaire.

A cet effet, nous croyons bien de créer en Orient, sur le littoral de la Méditerranée, des agents sanitaires résidant dans certaines localités et surveillant une certaine circonscription. Ces agents, hiérarchisés comme en France, seront sous les ordres d'un chef qui aura une division territoriale à surveiller. Tous ces agents correspondront entre eux, avec le conseil sanitaire et avec le chef des agents du littoral de la Méditerranée, en France ; ils délivreront les patentes de santé conjointement avec l'autorité consulaire française ou européenne.

Les agents sanitaires de France et d'Orient exécutant les ordres du conseil sanitaire doivent être médecins, afin de présenter toutes les garanties scientifiques possibles. De tels agents, ayant du moins l'intelligence des recherches hygiéniques et la connaissance des maladies, seront difficiles à tromper.

Ce système de renseignements serait complété par une autre espèce d'agents sanitaires assermentés demeurant à bord des bâtiments, pour rendre compte de ce qui s'y passe, sous le rapport de la santé, soit avant le départ, soit pendant la route.

Nous pensons qu'avec de telles précautions, la France sera mieux préservée de la peste qu'elle ne l'est aujourd'hui, surtout si cette maladie est contagieuse. Rien ne pourra plus échapper à la connaissance des autorités chargées de veiller à la santé publique. Bien renseigné, on peut agir avec certitude, prendre des précautions efficaces, raisonnées, tandis qu'aujourd'hui les renseignements manquent : on aura pour base de conduite des faits ; on saura pourquoi on prend telle ou telle mesure, et l'on ne marchera plus en aveugle. Le régime sanitaire actuel ne repose que sur des chimères, et la preuve, c'est le bon plaisir que chaque puissance met dans la fabrication de ses ordonnances sanitaires et les contradictions que l'on y rencontre.

La nouvelle ordonnance sur le régime et l'administration sanitaire, ayant pour base des conclusions qui ressortent des faits et de l'expérience, peut donc se résumer ainsi :

RÉGIME SANITAIRE.

1° Patente selon la présence ou l'absence de l'épidémie ;
2° Quarantaine comptée à dater du départ, dans les cas ordinaires ;
3° Quarantaine après l'arrivée, dans les cas graves et exceptionnels.

ADMINISTRATION SANITAIRE.

1° Centralisation du pouvoir sanitaire ; conseil régissant à Paris sous les ordres du ministre ;
2° Agents sur le littoral de la France, exécutant les ordres, les ordonnances et les règlements ;
3° Agents en Orient pour informer en France de l'état sanitaire de ces pays ;
4° Agents à bord des bâtiments pour rendre compte de l'état sanitaire du navire ;
5° Enfin, surveillance des corps sanitaires constitués, mais pour leurs localités seulement.

Nous ajouterons qu'une telle ordonnance doit être conçue et rédigée de manière à ménager les susceptibilités et les imaginations méridionales. On doit prendre toutes les précautions possibles contre l'introduction de la peste : la supposant contagieuse, on doit même se montrer très-sévère ; mais, d'un autre côté, on ne doit gêner en rien les relations de la France avec l'Orient.

ORDONNANCE SANITAIRE.

RÉGIME SANITAIRE.

Titre Ier. — État ordinaire.

Article 1er. — Les provenances de la Turquie d'Europe, de l'Asie Mineure, des îles appartenant à la Turquie, de la Syrie et de l'Égypte, sont soumises au régime
1° De la patente brute ;
2° De la patente suspecte ;
3° De la patente nette.

La première de ces patentes est délivrée lorsqu'il y a épidémie de peste ; la seconde, dans les 40 jours qui suivent la cessation de l'épidémie ; la troisième, à partir de 40 jours après l'épidémie.

Lorsqu'il y a soupçon d'épidémie de peste, ou lorsque l'épidémie règne dans les pays environnants, la patente suspecte peut être délivrée (1).

Article 2. — Tout navire français venant des pays désignés ci-dessus peut prendre à son bord, soit en France, soit en Orient, au point de départ, un garde de santé ou un médecin assermenté, chargé de veiller à la santé du bord, et responsable des infractions aux lois et ordonnances sanitaires (2).

Article 3. — *Avec patente brute.* — Les paquebots à vapeur de l'État ou du commerce et les bâtiments de guerre sont soumis à 17 jours de quarantaine à dater du départ. Les passagers et les marchandises des susdits subissent la même quarantaine.

Les bâtiments marchands, les passagers et les marchandises sont soumis à 35 jours de quarantaine à dater du départ.

Tout navire sans médecin assermenté, ou sans garde de santé, sera soumis à 15 jours de quarantaine après l'arrivée (3).

---

(1) Dans l'exposé, nous avons dit pourquoi nous choisissions le temps de l'épidémie comme point de départ des patentes.

Nous avons fixé la patente nette à 40 jours après la fin de l'épidémie : ce temps nous semble suffisant pour en avoir la certitude. Il était juste aussi, dans des cas douteux, de se réserver le droit d'appliquer la patente suspecte : c'est une garantie.

(2) Garantie de l'état sanitaire du bord.

(3) Cet article doit être rapproché des articles 7 et 8, qui sont le complément du régime sanitaire applicable en temps ordinaire, lorsque les choses se sont passées régulièrement, en mer ou avant le départ. 17 jours de quarantaine à dater du départ, en cas de patente brute, sur des bâtiments où il y a un médecin, où l'hygiène est observée, donnent toute garantie à la santé publique. Les paquebots à vapeur arrivent, il est vrai, en 8 jours : il y aura donc encore 9 jours de quarantaine d'observation, avec maniement des marchandises à bord ; or, en se reportant à la proposition qui

Article 4. — Avec patente suspecte. — Les paquebots à vapeur et bâtiments de guerre, marchandises et passagers, sont soumis à 14 jours de quarantaine à dater du départ.

Les bâtiments marchands, passagers et marchandises, à 30 jours à dater du départ.

Tout bâtiment sans médecin assermenté, ou sans garde de santé, sera soumis à 10 jours de quarantaine après l'arrivée (1).

Article 5. — Avec patente nette. — Les paquebots à vapeur, bâtiments de guerre, les passagers et marchandises par les susdits, sont soumis à 9 jours de quarantaine à dater du départ.

Les navires marchands, les marchandises et passagers par les susdits, à 25 jours de quarantaine à dater du départ.

S'il n'y a pas de garde de santé ou de médecin assermenté à bord, la quarantaine sera de 8 jours après l'arrivée (2).

---

constate que la peste se déclare toujours dans les 8 jours après le départ, il y a toute garantie.

Pour les bâtiments de guerre, ils arriveront avec leur quarantaine finie; mais ils auront 25 à 30 jours de voyage, et de plus, comme il est dit à l'article 7, 5 jours d'observation après l'arrivée. Faut-il davantage!

Les 35 jours appliqués aux bâtiments marchands, plus l'article 8, qui ordonne que toujours il y aura 10 jours d'observation, garantissent la santé publique autant que possible. Dans le cas où il n'y aura pas de garde de santé à bord, nous avons cru, pour plus de certitude, devoir augmenter l'observation de 5 jours.

Cette patente, du reste, ne sera appliquée que très-rarement : une fois tous les 8 ou 10 ans pendant 6 mois pour les provenances de chaque localité.

Nous avons dit dans l'exposé pourquoi il fallait garder les marchandises à bord: de plus, si on ne le faisait pas, ce serait conserver un monopole commercial aux ports des lazarets, grever notre commerce, et ne diminuer en rien les entraves qui existent aujourd'hui.

(1) Mêmes réflexions que ci-dessus. Patente suspecte établie comme garantie.

(2) Le régime sanitaire résultant de cette patente est le plus important, vu qu'il sera à peu près l'état habituel. Il est certain, d'après les propositions, d'après les faits et l'expérience, quand il n'existe pas d'épidémie au lieu du départ, quand la santé a été bonne pendant toute la traversée, que 9 jours de quarantaine sur un bâtiment à vapeur ou de l'État, où les lois de l'hygiène sont observées, sont plus que suffisants pour donner toute garantie. Le fait est là : *jamais bâtiment avec patente nette n'a eu la peste en mer ou après l'arrivée.*

Les 25 jours de quarantaine pour les bâtiments marchands qui mettent, en moyenne, 30 jours pour arriver d'Alexandrie, plus 5 jours d'observation à l'arrivée, ne gênent en rien les relations, permettent de croire à toute espèce de garantie et de reconnaître l'état sanitaire du navire.

Il faut remarquer, en outre, qu'un bâtiment marchand sera toujours précédé, accompagné et suivi de rapports sanitaires sur le pays qu'il vient de quitter. Le service des vapeurs est tel, que l'on saura à l'avance s'il y a eu, même après le départ, quelques signes d'épidémie. En un mot, on sera prévenu dans le cas où quelque erreur aurait été commise.

On ne doit pas oublier qu'avec la rapidité actuelle des communications, l'administration se trouvera parfaitement au courant de l'état sanitaire du point de départ.

Article 6. — Tout bâtiment chargé de pèlerins (*hadjis*), et les pèlerins eux-mêmes, quelle que soit la patente, sont soumis, après débarquement au lazaret, à 20 jours de quarantaine et aux mesures hygiéniques jugées nécessaires (1).

Article 7. — Tout bâtiment de guerre ou paquebot à vapeur qui aura purgé sa quarantaine en mer sera soumis, à son arrivée, à 5 jours d'observation avec patente brute, à 3 avec patente suspecte, à 24 heures avec patente nette (2).

Article 8. — Tout bâtiment marchand qui arrive, sa quarantaine étant terminée en mer, est soumis à 10 jours d'observation après l'arrivée, avec patente brute; à 8 jours avec patente suspecte, à 5 jours avec patente nette (2).

Article 9. — Si la quarantaine n'est pas terminée en arrivant, les jours restants comptent dans le temps de l'observation (3).

Article 10. — Dans les cas ordinaires soumis aux règles ci-dessus, l'équipage et les marchandises demeurent à bord; les cales sont ouvertes et aérées au moment de l'arrivée, les marchandises sont en partie exposées sur le pont. En cas de départ du bâtiment en quarantaine, les marchandises seront débarquées au lazaret (4).

---

(1) On ne peut prendre trop de précautions contre les bâtiments chargés de pèlerins; nous ne connaissons pas de cas plus dangereux. Si ces bâtiments ne sont pas foyers de peste, ils sont foyers de typhus : la malpropreté, la mauvaise nourriture, la misère, etc., tout est réuni à bord d'un bâtiment chargé de pèlerins qui reviennent de la Mecque.

(2) Les articles 7 et 8 sont nécessaires pour observer, en cas de patente brute, et pour prévenir le directeur de la santé, qui seul peut donner, dans ces cas, libre pratique. Ils sont nécessaires dans tous les cas pour faire la visite et l'examen des papiers. Les bâtiments de guerre et les paquebots nous ont semblé, par rapport au médecin de bord et à l'hygiène, être sujets à une diminution. Au reste, le danger ne peut exister que dans le cas de patente brute, et ces bâtiments ont 5 jours au moins de quarantaine d'observation.

(3) La question, après l'arrivée, même dans les cas ordinaires de patente brute, est de savoir, pour les bâtiments marchands, quel est l'état sanitaire de l'équipage et s'il n'existe pas un foyer de peste à bord. Nous avons pensé que du moment où il y aurait 10 jours d'observation sans malades, toute garantie était donnée. Il ne faut donc pas forcer un bâtiment à finir d'abord la quarantaine imposée par la patente, puis lui appliquer encore 10 jours de plus d'observation. Ainsi, dans le cas de patente brute, qu'un bâtiment marchand arrive en 30 jours, il lui restera 5 jours de quarantaine qui seront compris dans les 10 jours d'observation, ce qui fera 40 jours depuis le moment du départ. Si la santé de l'équipage a toujours été bonne, s'il n'y a pas eu de maladie à bord, quelle autre garantie peut-on demander?

(4) Nous avons dit pourquoi il ne fallait pas débarquer les marchandises. En effet, d'après l'expérience et les faits, à quoi servent les mesures prétendues sanitaires prises aujourd'hui contre une maladie dont on ignore le mode de propagation? On ne sait qu'une chose, c'est que le bâtiment forme foyer de peste et que les marchandises débarquées ne donnent pas la peste. Rationnellement, on ne devrait rien déranger au

Article 11. — A l'arrivée, les passagers peuvent débarquer au lazaret pour terminer le reste de la quarantaine imposée par la patente (1).

Titre II. — État exceptionnel.

Article 1er. — Tout bâtiment ayant eu des malades ou un mort, soit avant le départ, soit pendant la route, soit à l'arrivée, si le cas n'est pas bien déterminé, est soumis à 15 jours de quarantaine d'observation, quelle que soit sa patente (2).

Article 2. — Tout bâtiment ayant eu une attaque de peste, soit avant le départ, soit en mer, soit après l'arrivée, est soumis à 20 ou 30 jours de quarantaine rigoureuse. Les passagers et les marchandises seront débarqués au lazaret; les précautions sanitaires jugées nécessaires seront prises; l'équipage restera à bord (3).

Article 3. — Tout nouveau cas de peste, soit parmi les passagers débarqués, soit parmi l'équipage, entraîne le renouvellement de la quarantaine

---

foyer, afin qu'il se manifestât par une attaque, s'il existe. Cependant nous croyons qu'il est bon, dans les cas ordinaires, de prendre des mesures hygiéniques contre les traces de ces foyers et ces foyers eux-mêmes, soit en ventilant les navires, soit en aérant les cales, soit en maniant les marchandises à bord, c'est-à-dire en les enlevant en partie de l'entrepont pour les mettre sur le pont ou dans les embarcations. Nous n'avons admis ces précautions que comme satisfaction aux idées reçues, car elles nous semblent inutiles; il suffirait rationnellement d'ouvrir les cales, et s'il y avait un foyer de peste, qui par hasard n'aurait pu se manifester, on en aurait bien vite la conviction par une attaque.

La conservation des marchandises à bord, avec l'ouverture des cales pendant 15, 10, 8, ou 5 jours, selon les cas, offre plus de garantie à la santé publique que toutes les mesures sanitaires actuelles.

(1) On ne peut empêcher les passagers, s'ils sont fatigués par la mer et s'ils le désirent, de débarquer au lazaret. C'est un moyen de conserver ces établissements en partie, de ne pas les laisser inutiles et inoccupés. Il faut remarquer que ce débarquement n'aura lieu que dans le cas de patente brute, ou pour les passagers de quelques bâtiments marchands.

(2) Ce cas sort de la règle ordinaire, il est assez fréquent; à bord des bâtiments de guerre et des paquebots où il se trouve un médecin, ce sera peu important, avec patente nette; mais avec patente brute, surtout à bord des navires marchands, ce cas demande une observation plus sévère, plus longue. Lorsqu'il y aura un médecin à bord on connaîtra quelle est la maladie, il en sera de même quand une maladie aura existé avant le départ. Mais à bord des navires marchands, dans bien des cas, on ne saura ce qui s'est passé. Toutefois, comme il y a des circonstances à examiner, à peser, on doit être en défiance et prendre des précautions.

(3) Ici on ne peut être trop rigoureux. Une fois le foyer de peste constaté il faut décharger le bâtiment, prendre toutes les mesures jugées nécessaires: et comme les marchandises n'ont jamais formé foyer, que les navires au contraire seuls le forment, il faut laisser l'équipage à bord, purger et nettoyer le bâtiment, jusqu'à ce que le foyer n'existe plus, ce que la santé de l'équipage peut seule prouver.

imposée. Les passagers à terre et l'équipage à bord ne sont pas solidaires des cas arrivés en quarantaine parmi eux (1).

Article 4. — Tout navire qui se trouve dans le cas de l'article 2 de ce titre doit se rendre dans les ports à lazaret (2).

Article 5. — Tout navire qui, se trouvant sous le coup de l'article 2, se rendra dans un port sans lazaret, sera immédiatement renvoyé dans le lazaret le plus prochain pour y subir la quarantaine de rigueur (2).

Article 6. — Tout bâtiment dont la patente n'est pas en règle peut être soumis à une quarantaine de 15 à 30 jours (3).

Article 7. — Lorsque les cas et les circonstances sont en dehors de la règle habituelle, l'autorité sanitaire du port d'arrivée prend la décision qui lui semble convenable, et donne des ordres en conséquence (3).

Article 8. — Lorsqu'une mesure a été ordonnée par une autorité sanitaire, le capitaine ou le passager contre qui cette mesure a été prise peut adresser immédiatement ses réclamations à l'autorité supérieure (4).

ADMINISTRATION SANITAIRE.

Titre III. — Administration en France.

Article 1er. — Un conseil sanitaire, résidant à Paris, est créé pour toute la France. Il relève directement du ministre du commerce. Il est chargé de veiller à la santé publique et de faire exécuter la loi, les ordonnances et les règlements sanitaires. Ce conseil se compose de trois intendants supérieurs, d'un inspecteur général et d'un secrétaire.

L'inspecteur général et un des intendants doivent être docteurs en médecine.

Ce conseil seul, d'après l'ordre du ministre, donne la libre pratique dans

---

(1) Le renouvellement de la quarantaine à dater du dernier cas de peste est de toute justice comme précaution. Seulement, nous avons pensé que l'équipage et les passagers débarqués au lazaret, se trouvant dans des conditions différentes, ne doivent pas être solidaires des attaques de peste qui pourraient se déclarer au milieu des uns ou des autres, c'est-à-dire que s'il y a un cas de peste parmi l'équipage cela ne fera pas renouveler la quarantaine des passagers, et *vice versa*.

(2) Les articles 4 et 5 n'ont pas besoin de commentaire : il est inutile d'énoncer une chose aussi naturelle que celle de la liberté pour tous les bâtiments d'aller dans quelque port de France que ce soit : on a dû noter les cas exceptionnels qui restreignent cette liberté.

(3) On ne peut être trop sévère dans les cas qui sortent de la règle ordinaire et surtout lorsque les patentes ne sont pas en règle, il y a toujours à craindre quelque fourberie. L'article 7 arme l'autorité sanitaire d'un pouvoir nécessaire dans certaines circonstances.

(4) L'homme est faillible, et près du pouvoir qui est accordé aux agents dans les cas exceptionnels, de crainte qu'ils n'en abusent, nous avons cru devoir donner le droit de réclamer. Croirait-on qu'aujourd'hui l'autorité, pour vous empêcher de réclamer contre un abus, vous met au secret dans les cas graves, et que vous ne savez à qui vous adresser dans les cas ordinaires ? C'est un droit qu'il est bon de constater.

les cas exceptionnels du titre II. Il fait chaque 15 jours un rapport sanitaire (1).

Article 2. — Le conseil sanitaire a sous ses ordres : 1° des directeurs sanitaires ; 2° des officiers sanitaires. Ces agents sont chargés de l'exécution des ordres transmis par le conseil, des règlements et des lois sanitaires.

Les directeurs doivent être docteurs en médecine, ainsi que les officiers si cela est possible (2).

Article 3. — *Les intendances et les commissions sanitaires aujourd'hui établies veillent à ce que les agents sanitaires exécutent les lois et les règlements ; elles choisissent à cet effet, et dans leur sein, un délégué* (3).

Article 4. — *Les intendances, les commissions et les agents correspondent entre eux, et directement avec le conseil sanitaire* (3).

Article 5. — Les agents sanitaires et les employés supérieurs des lazarets sont nommés par le ministre du commerce, sur la présentation du conseil

---

(1) Tel est le moyen de centraliser le pouvoir sanitaire et de l'enlever, comme nous l'avons dit, aux terreurs locales. On voit que le conseil seul donne libre pratique, d'après l'ordre du ministre, dans les cas exceptionnels contenus dans le titre II. Ce conseil résidera à Paris, un intendant sera toujours de service et devra se rendre chaque jour au bureau sanitaire où se trouvera le secrétaire. L'inspecteur, lorsqu'il sera à Paris, devra aussi se présenter à heure fixe à ce bureau, afin de décider conjointement avec l'intendant et le secrétaire sur les cas exceptionnels. Dans les cas graves de peste, par exemple, les deux autres intendants seront convoqués et soumettront leurs décisions au ministre. En cas d'urgente réponse, on pourra la transmettre par le télégraphe. Lorsqu'il sera nécessaire, l'inspecteur se rendra sur les lieux. On voit par là qu'il doit être médecin et connaître la peste. Un des intendants doit aussi être médecin pour le remplacer, soit lorsqu'il fera ses inspections, soit lorsqu'une affaire l'appellera subitement sur un point du littoral.

Si l'inspecteur et un des intendants ne sont pas médecins, comment apprécier les rapports des agents qui seront médecins et les médecins qui pourront être consultés sur les cas exceptionnels.

Le conseil rendra nécessairement compte de ses opérations au ministre qui seul donne les ordres. Il lui fera chaque 15 jours un rapport général sur la santé du littoral de la Méditerranée et sur ce qui s'y passe.

(2) Nous reviendrons sur la hiérarchie en parlant des fonctions. Les agents sanitaires ayant à examiner des patentes de santé, à constater des maladies, à reconnaître la peste et les causes qui l'auront produite à bord, à prendre les mesures sanitaires les plus délicates, doivent nécessairement être médecins. C'est indispensable pour les directeurs et les officiers sanitaires des principaux points d'arrivage des provenances du Levant. Quelle garantie une organisation sanitaire peut-elle présenter, si les agents sont étrangers à la médecine ? Il s'agit ici des questions les plus difficiles d'épidémicité de foyers d'infection et d'hygiène.

(3) Nous avons dit dans l'exposé pourquoi nous conservions les intendances et les commissions sanitaires, le rôle que nous leur accordions ; nous n'y reviendrons pas, mais nous ajouterons ceci: c'est que si l'on ne veut pas briser ces corps, il faut les tenir en dehors de tout pouvoir exécutif, et savoir s'en servir utilement lorsqu'il en sera besoin.

sanitaire. *Les commissions et les intendances sanitaires sont nommées comme par le passé* (1).

Article 6. — Un médecin choisi par le directeur et accepté par le conseil constate à l'arrivée, conjointement avec l'officier sanitaire, dans les 12 heures qui suivront l'arrivée, l'état sanitaire de chaque bâtiment. Le rapport signé est transmis immédiatement au directeur et au conseil, à Paris (2).

Article 7. — Toute mise en libre pratique doit être appuyée sur le rapport du médecin et de l'officier sanitaire. Dans les cas exceptionnels, le directeur fait un rapport à part (2).

Article 8. — Le directeur sanitaire est chargé, dans sa division, de la direction du service ; il commande aux officiers et autres employés sanitaires, quels qu'ils soient ; transmet les ordres nécessaires pour l'exécution des lois, règlements et décisions sanitaires. Il inspecte, quatre fois par an au moins, le service qui lui est confié. Seul il peut délivrer la libre pratique, en cas de patente brute ou suspecte. Dans les cas spécifiés au titre II, il en réfère de suite au conseil sanitaire. Dans les cas d'urgence, il prend les dispositions qu'exige la santé publique, *et convoque l'assemblée de l'intendance ou de la commission sanitaire.* Dans les cas extraordinaires, le directeur doit se transporter immédiatement sur les lieux. Partout où le directeur se trouve, il doit contre-signer les actes des officiers de sa division. Chaque 15 jours il doit faire un rapport au conseil sanitaire (3).

Article 9. — Les officiers sanitaires remplissent les mêmes fonctions que le directeur, dans leurs circonscriptions ; seulement, ils ne peuvent donner la libre pratique qu'aux bâtiments sous le régime de la patente nette. Ils doivent, à l'arrivée d'un bâtiment, le visiter conjointement avec le médecin ; interroger le capitaine, le médecin assermenté ou le garde de santé ; examiner les cahiers de bord, reconnaître l'état sanitaire des provenances ; en un mot, prendre tous les renseignements. Le capitaine de lazaret et au-

---

(1) Si nous avons mis la présentation des agents par le conseil au ministre, c'est afin de bien connaître quelle est la valeur des individus : si la peste est contagieuse, ces informations sont de la plus haute importance.

(2) La nomination de ce médecin est une garantie de plus pour la santé publique. Si l'officier est médecin comme le directeur, cette réunion d'hommes capables n'offret-elle pas une sécurité tout autre que ce qui existe aujourd'hui ?

(3) Les deux articles 8 et 9 doivent être rapprochés de l'article 11, afin de bien faire comprendre le mécanisme de l'administration. Un seul directeur suffit pour la Méditerranée ; résidant à Marseille, port principal d'arrivage, il est en correspondance facile avec Toulon, autre port d'arrivage ; et en cas de patente brute, comme il peut seul donner la libre pratique, qu'il y a cinq jours de quarantaine pour les navires de guerre, le directeur a tout le temps pour recevoir les rapports de l'officier sanitaire et répondre. Port-Vendres ou Cette ne reçoivent que des bâtiments marchands ; or, avec patente brute, il y a 10 jours de quarantaine d'observation. Le directeur peut donc correspondre très-rapidement, se transporter sur les lieux si cela est nécessaire, il a une inspection qu'il peut exécuter en très-peu de temps. Les ordres qu'il reçoit du conseil peuvent de même être transmis promptement par lui

tres employés sont sous les ordres de l'officier sanitaire : celui-ci doit toujours être à son poste, sauf le cas d'inspection dans sa circonscription. Alors, le médecin ou *le délégué de l'intendance ou de la commission sanitaire* le remplace. L'officier vise les patentes et les bulletins de santé. Chaque 15 jours il fait un rapport en double au directeur et au conseil. Il peut correspondre avec le conseil directement (3).

Article 10. — S'il se présente un cas rentrant dans le titre II de l'ordonnance, il doit en être fait immédiatement rapport par l'officier sanitaire : 1° au conseil sanitaire; 2° au directeur. Si celui-ci n'est pas sur les lieux, il doit immédiatement s'y transporter; en attendant, l'officier prend les mesures qu'il juge convenables. *A son arrivée le directeur convoque, s'il le juge nécessaire, les intendances ou les commissions sanitaires locales.*

Dans ces cas, les agents sanitaires, les intendances ou les commissions, ainsi que le médecin, doivent se réunir en assemblée et agir collectivement, sauf à en référer au conseil sanitaire et à attendre les ordres du ministre (1).

Article 11. — Le littoral de la France sur la Méditerranée est sous l'inspection d'un seul directeur résidant à Marseille.

à ses officiers ; il en est de même des nouvelles qu'il peut recevoir d'Orient par les agents qui y seront placés, comme on le verra.

Les officiers sanitaires, de leur côté, sont en communication facile et rapide avec leurs directeurs; ils peuvent lui transmettre leurs rapports, même pour les bâtiments marchands avec patente nette; le directeur peut être prévenu avant la libre pratique et donner contre-ordre s'il le juge nécessaire. Il ne faut pas oublier que les officiers ne peuvent donner libre pratique que dans les cas ordinaires et lorsque le navire a patente nette. Dans les cas irréguliers et de patente brute, il y a 10 et 15 jours de quarantaine, voire même plus si on le juge convenable.

Le service peut donc être rapidement fait, ponctuellement exécuté et offrir toute garantie à la santé publique. Si nous avons donné aux officiers sanitaires le droit de correspondre directement avec le conseil, c'est parce que dans les cas graves il n'y a pas de temps à perdre. Nous avons voulu qu'ils envoient de même le rapport de quinzaine directement au conseil, afin que celui-ci soit exactement informé de ce qui se passe. Ces pièces seront toutes en double et envoyées en même temps au directeur. Ainsi dans un cas exceptionnel, le conseil sera informé très-rapidement et pourra répondre par le télégraphe si cela est nécessaire et donner des ordres. Le service sera donc très-prompt.

(1) Cet article, qui comprend tous les cas exceptionnels, est principalement pour le cas de peste à bord, ou lorsque les circonstances sont telles, que l'agent sanitaire ne peut prendre une décision. Il faut bien remarquer que la convocation, s'il y a lieu, de l'intendance ou de la commission sanitaire par le directeur, n'est là que comme garantie de la santé publique, et pour qu'elle prenne une partie de la responsabilité. Le conseil décide en dernier ressort.

Il ne faut pas oublier que la peste, comme le choléra, est épidémique, qu'elle habite les bords du littoral de la Méditerranée, et surtout celui de la Syrie et de l'Égypte, comme le choléra habite les bords du Gange. Or, toute maladie épidémique, en vertu de causes inconnues, se répand et émigre. Il est très-probable que la peste peut, comme le choléra sous forme épidémique, venir nous visiter; elle l'a déjà fait et peut le faire encore. Il est donc très-prudent de se tenir sur ses gardes.

Ce littoral est divisé en quatre sections administrées par quatre officiers sanitaires, sous les ordres du directeur.

Ces sections sont :

1° Le département du Var. — *Résidence :* Toulon.

2° Le département des Bouches-du-Rhône. — *Résidence :* Marseille.

3° Les départements de l'Hérault et de l'Aude. — *Résidence :* Cette.

4° Le département des Pyrénées-Orientales. — *Résidence :* Port-Vendres.

5° Un officier sanitaire, sous les ordres du directeur de Marseille, sera placé à Ajaccio, pour la Corse (1).

Le littoral de la France sur l'Océan est divisé en deux parties : 1° de la frontière de Belgique au département du Morbihan; 2° de ce département à la frontière d'Espagne. Chaque partie est sous l'inspection d'un directeur, résidant, l'un au Havre, l'autre à Bordeaux.

Le littoral de la première partie est divisé en cinq sections, administrées par des officiers sanitaires sous les ordres du directeur du Havre.

Ces sections sont :

1° Les départements du Nord, du Pas-de-Calais, de la Somme. — *Résidence :* Boulogne.

2° Les départements de la Seine-Inférieure et de l'Eure. — *Résidence :* le Havre.

3° Le département de la Manche. — *Résidence :* Cherbourg.

4° Les départements d'Ille-et-Vilaine et des Côtes-du-Nord. — *Résidence :* Saint-Malo.

5° Le département du Finistère. — *Résidence :* Brest.

Le littoral de la deuxième partie est aussi divisé en cinq sections, sous les ordres du directeur de Bordeaux.

Ces sections sont :

1° Le département du Morbihan. — *Résidence :* Lorient.

2° Les départements de la Loire-Inférieure et de la Vendée. — *Résidence :* Paimbœuf.

3° Le département de la Charente-Inférieure. — *Résidence :* Rochefort.

4° Le département de la Gironde. — *Résidence :* Bordeaux.

5° Les départements des Landes et des Basses-Pyrénées. — *Résidence :* Bayonne.

Titre IV. — Administration en Orient.

Article 1er. — Les côtes de la Turquie d'Europe, de l'Asie Mineure, de la Syrie et de l'Égypte sont placées sous la surveillance d'agents sanitaires résidant sur les lieux.

---

(1) Cette division nous a semblé la plus rationnelle et parle d'elle-même. C'est une centralisation de l'action sanitaire sur le littoral de la Méditerranée. Aux articles 8 et 9 nous avons parlé de cette organisation.

Quatre directeurs sanitaires résideront :

1° A Constantinople, pour la mer Noire, la mer de Marmara et les Dardanelles ;
2° A Smyrne, pour Salonique, les îles et le littoral de l'Asie Mineure ;
3° A Beyrouth, pour la Syrie et Chypre ;
4° A Alexandrie, pour l'Égypte.

Sous les ordres des directeurs seront des officiers sanitaires résidant :

1° A Constantinople, Trébisonde, Gallipoli ;
2° A Smyrne, Salonique, Candie et Rhodes ;
3° A Beyrouth, Alexandrette, Chypre, Saint-Jean-d'Acre ;
4° A Alexandrie, à Damiette (1).

Article 2. — Les directeurs devront être docteurs en médecine ; les officiers le seront, si cela est possible (1).

Article 3. — Ces agents s'occupent spécialement de l'état sanitaire des pays soumis à leur observation, dans leur circonscription. Ils délivrent les patentes de santé conjointement avec les autorités françaises ou européennes, visitent les équipages avant leur départ, certifient dans un rapport circonstancié l'état sanitaire du navire et du pays. Ils doivent se tenir en relations avec les autorités locales et celles des différentes nations européennes, afin de bien connaître l'état de la santé publique. Ils se consultent avec les autorités françaises du Levant dans les cas difficiles (1).

Article 4. — Les directeurs correspondent avec le directeur du littoral

---

(1) Dans l'exposé, nous avons dit pourquoi il fallait cette création, comment elle était le complément du service sanitaire. Aujourd'hui les administrations sanitaires sont mal informées de ce qui se passe en Orient ; les patentes ont peu de valeur, bien qu'elles soient signées par nos consuls. En effet, ils sont en général mal renseignés sur l'état sanitaire du pays qui est sous leur inspection : ce n'est pas leur affaire ; ils ne peuvent que s'en rapporter au dire des personnes qui les entourent, ou des médecins qu'ils emploient, et Dieu sait quels médecins ! Il suffit de se proclamer tel. Or, 4 directeurs, 13 officiers sanitaires, et plus si cela est nécessaire, placés sur les principaux points de départ et de commerce, spécialement chargés d'un service de surveillance sanitaire, choisis en France, instruits et capables, offriront toutes les garanties désirables. Ils doivent être médecins, car là surtout il est de leur devoir de connaître la peste, de l'étudier, de savoir comment elle se comporte dans les différentes circonstances, afin de prévenir la direction sanitaire du littoral de la Méditerranée et le conseil. Leur titre de médecins, les services médicaux qu'ils peuvent rendre dans les pays soumis à leur inspection, feront recevoir ces agents comme des dieux tutélaires, toutes les portes leur seront ouvertes, ils auront tous les renseignements qu'ils pourront demander. Il n'est pas d'autorité turque ou européenne qui ne les avertisse du moindre danger ; car il s'agit de la vie : le fatalisme et les antipathies se taisent alors. Une patente de santé signée par de tels agents aura donc une valeur réelle, surtout quand elle sera accompagnée d'un rapport qui devra être fait chaque quinzaine sur l'état sanitaire du pays. Aujourd'hui il n'en est pas ainsi : bien que les patentes soient signées par le consul, les intendances ou les commissions sanitaires ne les admettent qu'avec défiance parce qu'elles en connaissent la valeur.

de la Méditerranée en France, et avec le conseil sanitaire ; ils doivent inspecter les différentes localités et les officiers sanitaires de leur division, afin de s'assurer de l'état sanitaire du pays et de l'exactitude des services. Chaque 15 jours ils doivent faire un rapport envoyé en double, l'un au directeur à Marseille, l'autre au conseil à Paris (1).

Article 5. — Les officiers sanitaires dans leur circonscription se tiennent exactement renseignés sur la santé publique, en informent continuellement le directeur sous les ordres duquel ils sont placés et avec lequel ils entretiennent une correspondance suivie. Les officiers font chaque quinzaine un rapport en double, l'un pour leur directeur, l'autre pour le directeur de Marseille, avec qui ils correspondent directement (1).

Article 6. — Les agents sanitaires ne peuvent quitter leur circonscription ou leur division sans une permission (1).

Titre V. — Administration à bord.

Article 1er. — Les gardes de santé ou les médecins assermentés chargés de surveiller la santé du bord pendant la traversée sont choisis, en France, par le directeur ou l'officier sanitaire ; en Orient, par le directeur ou l'officier sanitaire et par l'autorité française (2).

Article 2. — Les gardes de santé et les médecins jurent de dire la vérité ; avant leur serment il leur est donné lecture de l'article 10 de la loi du 3 mars 1822 (2).

---

(1) Les relations des directeurs et des officiers entre eux sont faciles à définir, elles sont les mêmes qu'en France. Ils correspondent entre eux, se communiquent tous les faits qu'ils croient dignes d'être enregistrés ; les directeurs transmettent les ordres du conseil et les avis du directeur sanitaire de Marseille à leurs officiers. Ceux-ci font chaque quinzaine et même à chaque départ un rapport sanitaire qui est envoyé au directeur de Marseille, et dont le double est transmis à leur directeur particulier. De son côté, le directeur d'Orient fait un rapport particulier chaque 15 jours et plus souvent au directeur de Marseille et au conseil ; cet échange continuel de correspondance ne peut manquer de produire des renseignements de toute espèce et offrir une garantie telle qu'il n'en a pas existé jusqu'aujourd'hui pour la santé publique.

Les directeurs dans leurs divisions, les officiers dans leurs circonscriptions, devront faire de temps à autre des tournées pour bien se renseigner sur l'état hygiénique et sanitaire des lieux qui sont sous leur inspection.

(2) Il ne faut pas se dissimuler que la garantie qui semble ressortir de la présence d'agents sanitaires à bord est plutôt morale que réelle, attendu que ces agents ne peuvent être payés par le budget et doivent être choisis parmi des hommes qui sont sous les ordres d'un chef. Nous ne parlons pas pour les médecins à bord des navires de guerre ou des paquebots à vapeur de l'État. Ils ont trop conscience de leur devoir et les chefs eux-mêmes ont trop de bon sens pour cacher la vérité dans un cas grave. Si aujourd'hui les officiers de la marine de l'État éludent autant qu'ils le peuvent les règlements sanitaires, s'ils s'en moquent, c'est qu'en effet ces règlements sont ridicules et qu'une déclaration trop franche leur susciterait mille ennuis. Mais lors-

DISPOSITIONS PARTICULIÈRES.

Titre VI.

Article 1er. — La présente ordonnance est entièrement applicable au littoral

---

qu'ils verront une administration sanitaire raisonnable, ne pensant ni à les tracasser, ni à leur susciter des entraves inutiles, mais agissant conjointement avec eux, en appelant à leur honneur pour connaître la vérité et prendre ensemble des mesures propres à prémunir leur pays de la peste, si elle est contagieuse, il n'en est pas un seul qui cherche à éluder la loi, nous sommes certain qu'ils seront les premiers à engager les médecins de leur bord à dire la vérité.

Pour les gardes de santé à bord des bâtiments marchands, c'est une tout autre affaire ; il y a là des intérêts engagés, le plus souvent le capitaine est lui-même un des intéressés. De plus il y aura de l'ignorance, et peut-être des vengeances à exercer par les gardes de santé eux-mêmes. Cependant nous croyons qu'avec de bonnes instructions tous ces inconvénients peuvent être écartés, au moins en partie.

Nécessairement on devra choisir parmi les matelots ou les passagers, s'il y en a à bord, le garde de santé ; ni le second, ni le capitaine ne pouvant remplir cette fonction, vu l'intérêt de l'un et les relations de l'autre. Il y aura donc une espèce d'antagonisme entre le garde de santé et le capitaine. C'est de cet antagonisme que la vérité doit jaillir. Le capitaine tient un registre jour par jour, où tout ce qui se passe à bord est consigné, il devra y ajouter la santé de chaque jour, le garde de santé devra de même y consigner ses observations. A l'arrivée, chacun fera séparément son rapport à l'agent sanitaire qui les confrontera avec le livre de bord, voilà déjà un moyen de connaître la vérité. Si quelque chose semble inexacte, en vertu des règlements sanitaires on pourra interroger séparément l'équipage, et s'il y a eu quelque grave maladie à bord qui ait été cachée, il est bien difficile que sept ou huit hommes, effrayés par la lecture de l'article 10 de la loi du 3 mars 1822 ne déclarent la vérité ou du moins ne se contredisent pas. Nous supposons que le garde de santé, le capitaine et l'équipage sont d'accord ; or, il est rare qu'il n'y ait pas à bord des mécontents : on finira bien certainement par savoir la vérité.

Mais il est une circonstance qu'il faut bien apprécier : le capitaine et le garde de santé sachant à quoi leur mensonge les exposent, sachant que le régime sanitaire actuel n'est plus aussi rigide ni aussi désastreux qu'autrefois, qu'en somme, pour une maladie grave, il ne leur en coûtera que quelques jours de plus de quarantaine d'observation, sans débarquement de marchandises, ils auront trop de danger à courir pour si peu et diront la vérité.

Il y a plus, l'intérêt des capitaines sera de consigner sur leur livre, et bien exactement, ce qui se passera à bord ayant rapport à la santé : un capitaine peut être aujourd'hui d'accord avec son garde de santé ; mais demain, lorsque le faux existera sur le livre, qui lui dira que le garde ne deviendra pas exigeant, et qu'à l'arrivée celui-ci, mécontent, ne fera pas un rapport contraire, certain qu'il sera de l'impunité ? Il est donc de l'intérêt du capitaine de tout consigner sur son livre de bord.

Nous avons parlé de vengeance des gardes de santé contre leur capitaine : raison de plus encore pour que celui-ci consigne la vérité et qu'il force le garde de santé à la contre-signer. Dans les instructions, on pourra avertir le capitaine que, dans le cas où le garde de santé ne voudrait pas consigner son rapport, ou mettrait autre chose que la vérité sur le livre de bord, il pourra, lui capitaine, convoquer son équi-

de la Méditerranée. Le premier et le second titre de cette ordonnance sont seuls applicables aux provenances du Levant sur le littoral de l'Océan (1).

Article 2. — Les intendances et les commissions sanitaires existant sur ce littoral sont chargées de les mettre à exécution (1).

Article 3. — A l'avenir les intendances et les commissions sanitaires du littoral de l'Océan correspondront avec le conseil sanitaire pour tout ce qui regarde la santé publique et l'exécution des lois et règlements sanitaires (1).

Article 4. — Les provenances de la Grèce, de Tripoli, de Tunis et du Maroc, ainsi que celles des pays sujets à la fièvre jaune, restent soumis à l'ordonnance du 20 mai 1845.

Article 5. — Les règlements sanitaires et les ordonnances qui ne sont pas contraires à la présente ordonnance sont exécutoires. Ils seront mis en harmonie avec la nouvelle organisation sanitaire (2).

---

page, lire ce qui a rapport à la santé, et faire apposer à tous leur signature. Dans ce cas, à l'arrivée il y aura une enquête faite par l'officier ou le directeur sanitaire, et application de la loi. Nous pensons que dans les premiers temps, il faudra se montrer très-sévère et faire punir le mensonge, sauf à un recours en grâce si la peine est trop forte.

Quant au cas d'ignorance en fait de reconnaissance d'une maladie, il y a un moyen bien simple d'y parer, ce sera au capitaine et au garde de santé de consigner sur le livre toutes les remarques qui auront été faites sur la maladie, quel a été son début, sa marche jour par jour, quels symptômes ont été remarqués, s'il y a eu des bubons, des charbons, des taches rouges ou noires, etc. etc. Les officiers sanitaires, le directeur et le médecin, qui liront ces rapports, reconnaîtront de suite s'ils ont affaire à la peste, ou à une maladie suspecte, ou à une autre affection bien déterminée. Nous sommes convaincu que l'on ne se trompera jamais. Du reste, le cas étant extraordinaire, on pourra prendre des précautions en rapport avec la patente du navire.

Nous pensons donc que des médecins assermentés et des gardes de santé avec des instructions seront une garantie très-grande pour la santé publique, et qui, de morale qu'elle paraît au premier abord, peut devenir réelle.

(1) Il est certain que cette ordonnance devra avoir son action sur tout le littoral de la France; mais le littoral de l'Océan, dans cette organisation, n'est que secondaire : c'est pourquoi nous avons cru devoir laisser les choses comme dans le passé, et charger les intendances ou les commissions sanitaires de l'exécution des deux titres concernant le régime sanitaire ; leur faisant remplir les fonctions des agents sanitaires et les plaçant sous les ordres du conseil. Si nous appliquions toute l'ordonnance sur le littoral de l'Océan, nous compliquerions le débat, nous soulèverions des réclamations; c'est bien assez du littoral de la Méditerranée, d'autant plus que les administrations sanitaires de l'Océan sont plus raisonnables que celles de la Méditerranée. Lorsque le service sera bien établi, on verra à les faire rentrer sous la loi commune et à diminuer les dépenses qu'elles causent, surtout en présence de la dernière ordonnance concernant la fièvre jaune.

(2) Les règlements et les ordonnances sanitaires qui ne sont pas contraires au régime actuel doivent être exécutés et maintenus jusqu'à ce qu'ils soient mis en harmonie avec le nouveau système; les règlements surtout doivent être exécutés : ce sont eux qui règlent l'administration des lazarets, la manière de reconnaître les bâ-

II. — RÉSULTATS MATÉRIELS.

Comme on vient de le voir, d'après l'ordonnance, l'état habituel sera la patente nette.

Or, pour les bâtiments de guerre et les paquebots à vapeur, il n'y aura que 24 heures d'observation ; pour les bâtiments marchands, 5 jours d'observation. Pas de débarquement de marchandises.

Par conséquent, tous les frais qui étaient supportés par l'État ou par les particuliers n'existeront plus.

Pour les passagers, le débarquement sera immédiat, à moins qu'ils ne viennent par des bâtiments à voiles; mais ils pourront demeurer à bord : donc, les retards et les frais causés par la quarantaine au lazaret n'existeront plus.

Dans les lazarets, à part les employés pour les reconnaissances de navire, et ceux qui seront chargés de la garde des lazarets conservés, soit pour les cas exceptionnels que l'on peut fixer à *un* tous les deux ou trois ans, et même moins, soit pour recevoir et garder les passagers qui voudraient débarquer de suite en cas de patente brute, soit pour recevoir les marchandises d'un navire partant avant la fin de sa quarantaine, les employés seront diminués de plus des trois quarts et avec eux les appointements.

Les lazarets eux-mêmes devront être réduits aux trois quarts de ce qu'ils sont aujourd'hui. On ne débarquera plus les marchandises que rarement, les vastes magasins qui existent seront donc inutiles; on pourra les louer, afin de s'épargner les frais d'entretien.

Enfin, la quarantaine, se faisant à bord, sans débarquement de marchandises, *permettra à tous les ports de France de prendre part au commerce de l'Orient.*

Nous pensons que le résultat d'une telle ordonnance sera d'activer le commerce, de faciliter les relations, d'obtenir des économies énormes sur les chargements, de diminuer les dépenses de toute espèce, tout en prenant contre la peste des mesures beaucoup plus efficaces et plus certaines que celles qui existent aujourd'hui.

III. — DÉPENSES, RECETTES, APPOINTEMENTS DES AGENTS SANITAIRES.

Comment soldera-t-on la nouvelle administration sanitaire?

Les recettes ont été de 340,000 fr. en 1843. Ces recettes sont le résultat de droits, de patentes, de visa, de visites, etc. etc., droits fixés par une or-

---

timents, le lieu où ils doivent être placés selon la patente, la perception des droits sanitaires, etc. etc. Avant d'être remaniés, ils doivent être bien étudiés ; du reste, ils ne touchent qu'à la superficie des choses, c'est la forme : or, en face des populations du Midi, il est bien, dans les premiers temps, de les conserver ; il leur semblera qu'il n'y a rien de changé.

donnance annexée au budget pour 1844. Ces mêmes droits seront conservés, et on peut être certain qu'ils seront payés sans murmures, les dépenses de quarantaine étant moindres. On pourrait même augmenter ces droits si cela était nécessaire, et les négociants payeraient très-volontiers. A ce chiffre de 340,000 fr., l'État ajoute 5,000 fr., ce qui porte les dépenses à 345,000 fr.

Il y a pour frais de bureaux et d'entretien des lazarets. .	75,000 fr.
Des frais généraux.	20,000
Des appointements d'employés.	250,000
Total.	345,000

Sur ce chiffre, les lazarets et les administrations de l'Océan dépensent 91,000 fr.; il reste donc pour la Méditerranée 254,000 fr.; ôtant les 5,000 fr. de déficit, on aura 249,000 fr. pour l'organisation du service, les frais de bureaux et d'entretien sur la Méditerranée.

D'après le projet, il y a comme agents sanitaires, y compris le conseil, 28 personnes dont les appointements peuvent être fixés à 135,500 fr., y compris les frais de voyage et de déplacement. Il resterait donc 113,500 fr. pour frais de bureaux, entretien des lazarets, frais d'employés subalternes : on a vu, d'après les résultats de l'ordonnance, que les employés subalternes seraient beaucoup moins nombreux, puisqu'il n'y aurait rien à garder, soit au lazaret, soit à bord. L'entretien du lazaret doit être à peine compté, vu la diminution qu'il subirait : la location de ses magasins serait plus que suffisante pour son entretien. Quant au personnel des bureaux, il serait aussi diminué, et par conséquent les frais de ces mêmes bureaux. Les 113,500 fr. seraient donc plus que suffisants pour toutes ces dépenses.

La nouvelle organisation sanitaire n'augmenterait en rien les dépenses du budget.

PUBLICATIONS DE LA SOCIÉTÉ ORIENTALE.

Chez DELAVIGNE, libraire de la Société orientale, rue des Beaux-Arts, 8.

En vente :

DE DELHI A BOMBAY, *Fragment d'un Voyage dans les provinces intérieures de l'Inde*, en 1841; par M. le docteur G. ROBERTS, membre de la Société orientale de Paris, chargé par M. le ministre de l'instruction publique d'une mission dans l'Asie centrale, publié par la *Société orientale*. — Paris, in-8°, 1843; typographie de Firmin Didot frères, rue Jacob, 36. — Prix : 3 fr. 50 c.

Sous presse :

ITINÉRAIRES DE L'ORIENT, ou GUIDES PRATIQUES DU VOYAGEUR EN ORIENT. Ces Itinéraires, divisés en quatre parties, qui paraîtront successivement, formeront un fort volume de 600 pages (grand in-12 compacte).

1re PARTIE. — Algérie, Maroc; Régences Barbaresques : Tunis, Tripoli, etc.; Navigation à vapeur dans la Méditerranée; Routes de l'intérieur de l'Afrique.

2e PARTIE. — Égypte, Arabie, Côtes de la mer Rouge, Terre Sainte (Jérusalem); Syrie, Perse; Routes de l'Europe dans l'Inde.

3e PARTIE. — Grèce, Archipel, Asie Mineure, Turquie d'Europe, pays Slaves, Russie méridionale et asiatique; Côtes de la mer Noire.

4e PARTIE. — Hygiène, médication, habillement, alimentation et acclimatement du voyageur en Orient.

REVUE DE L'ORIENT.

Bulletin de la Société orientale.

La REVUE DE L'ORIENT paraît du 15 au 20 de chaque mois, par cahier de 4 à 8 feuilles grand in-8°.

M. A. Denis, député, président de la Société, est le Rédacteur en chef de la REVUE DE L'ORIENT.

M. A. Hugo, vice-président, en est le Rédacteur en chef adjoint. Il est spécialement chargé de l'administration de la REVUE DE L'ORIENT; tout ce qui a rapport à la Revue doit lui être adressé (*franco*), rue Sainte-Anne, 67.

EN AOUT 1845,

Vingt-huit cahiers de la *Revue de l'Orient*, formant sept volumes, étaient publiés.

On s'abonne, à Paris, au bureau de la REVUE DE L'ORIENT, chez Delavigne, rue des Beaux-Arts, 8; et à l'étranger, chez les libraires ci-après :

Dufour et Bellizard...	SAINT-PÉTERSBOURG.	Fisher fils et Cie.......	LONDRES.
J. Hauer........	idem.	H. Baillière...........	idem.
Brockhaus et Avenarius.	LEPSICK.	Bohramann...........	VIENNE.
Ch. Jugel........	FRANCFORT.	Desroges............	GENÈVE.
F. Germershausen...	MAYENCE.	Dumolard............	MILAN.
Jouan...........	ANVERS.	Périchon............	BRUXELLES.

Le prix d'abonnement à la REVUE DE L'ORIENT est : pour les *pays européens et orientaux*, de 50 fr. par an; pour l'*Algérie*, de 20 fr. pour six mois, de 40 fr. pour un an; pour la *France*, de 10 fr. pour trois mois, de 20 fr. pour six mois, de 36 fr. pour un an. Un cahier détaché coûte 5 fr. pris au bureau.

www.ingramcontent.com/pod-product-compliance
Lightning Source LLC
Chambersburg PA
CBHW070526050426
42451CB00013B/2878